ISBN: 978-1-998317-42-4

Cover design by Charlotte Chang, assisted by artificial intelligence image generation.

First Edition: October, 2024

很久以前，天上不是只有一个太阳，

而是有十个！

它们每天轮流出现在天空，

为大地带来光明。

A long time ago, there were not one,
but ten suns!
They took turns rising in the sky, each
one lighting up the world day by day.

yǒu yì tiān,　shí gè tài yáng tū fā qí xiǎng,　jué dìng yì qǐ chū lái
有一天，十个太阳突发奇想，决定一起出来

zhuō nòng dà jiā!　tiān kōng bèi zhào de huǒ là là de!
捉弄大家！天空被照得火辣辣的！

hé liú gān hé le,　zhí wù yě niān le,　dòng wù men dōng bēn xī
河流干涸了，植物也蔫了，动物们东奔西

pǎo,　jí zhe zhǎo yīn liáng.
跑，急着找阴凉。

One day, the ten suns decided to play
a trick.
They all rose together!
The heat was unbearable!
Rivers dried up, plants wilted, and
animals searched for shade.

4

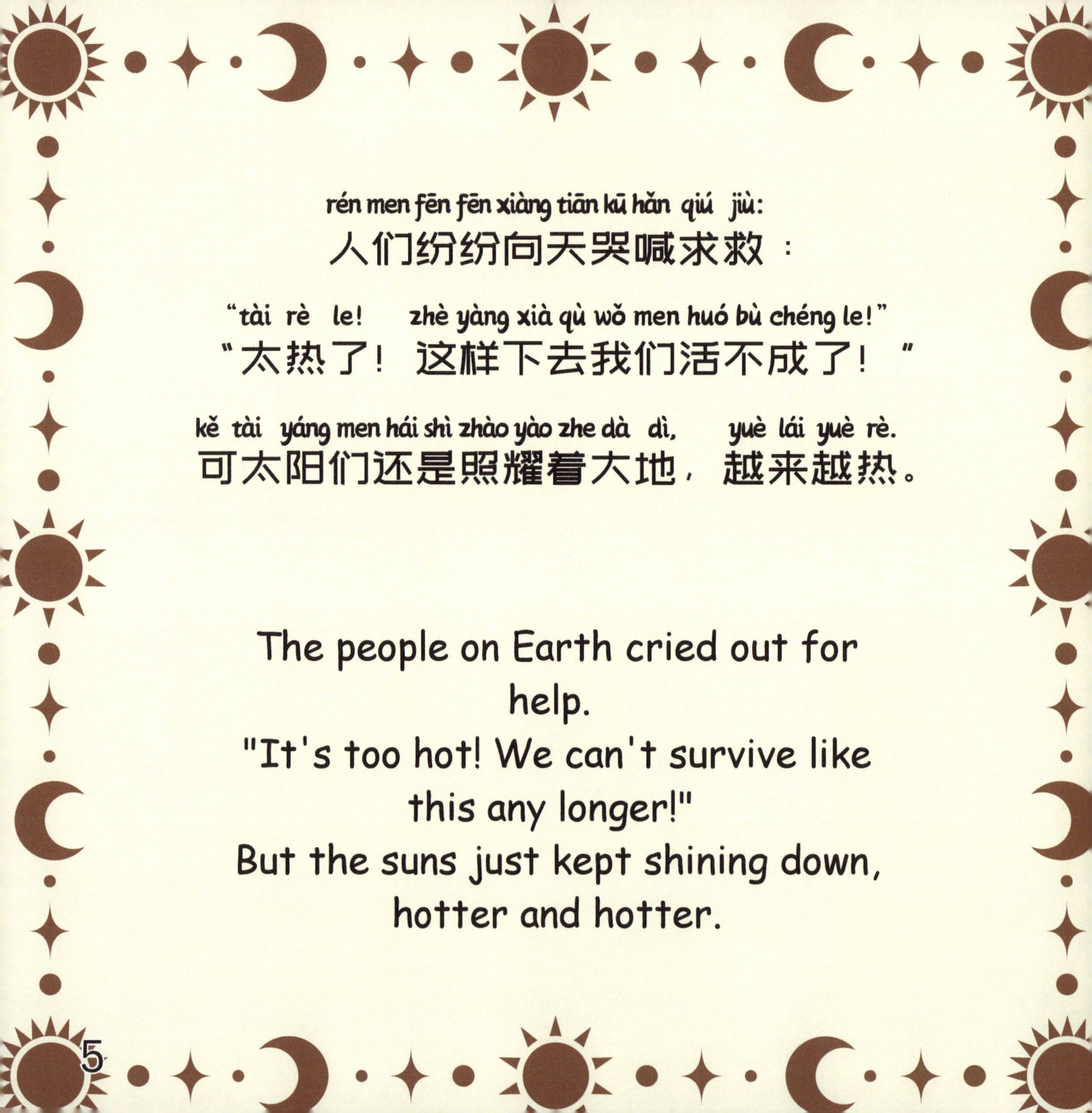

rén men fēn fēn xiàng tiān kū hǎn qiú jiù:

人们纷纷向天哭喊求救：

"tài rè le! zhè yàng xià qù wǒ men huó bù chéng le!"

"太热了！这样下去我们活不成了！"

kě tài yáng men hái shì zhào yào zhe dà dì, yuè lái yuè rè.

可太阳们还是照耀着大地，越来越热。

The people on Earth cried out for
help.
"It's too hot! We can't survive like
this any longer!"
But the suns just kept shining down,
hotter and hotter.

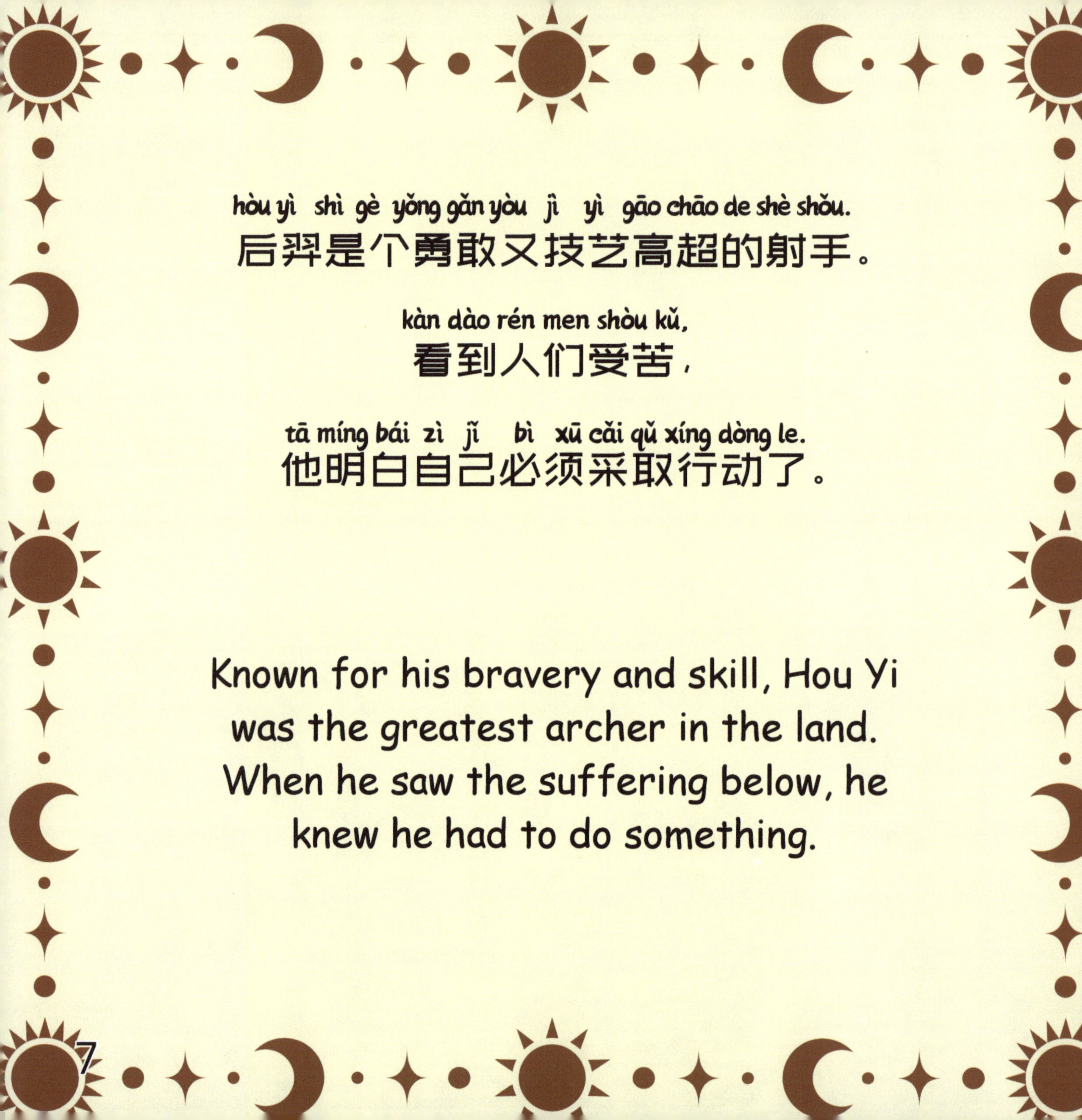

hòu yì shì gè yǒng gǎn yòu jì yì gāo chāo de shè shǒu.
后羿是个勇敢又技艺高超的射手。

kàn dào rén men shòu kǔ,
看到人们受苦，

tā míng bái zì jǐ bì xū cǎi qǔ xíng dòng le.
他明白自己必须采取行动了。

Known for his bravery and skill, Hou Yi
was the greatest archer in the land.
When he saw the suffering below, he
knew he had to do something.

hòu yì pá shàng le zuì gāo de shān dǐng, cóng nà lǐ tā yì yǎn jiù néng
后羿爬上了最高的山顶，从那里他一眼就能

kàn dào tiān shàng nà shí gè huǒ là là de tài yáng.
看到天上那十个火辣辣的太阳。

tā ná qǐ gōng,   zhǔn bèi xíng dòng.
他拿起弓，准备行动。

Hou Yi climbed to the top of the
tallest mountain.
From there, he could see the ten
blazing suns in the sky.
He picked up his bow and got ready to
shoot.

10

Before firing, Hou Yi shouted to the suns,
"I am sent by the Emperor of Heaven! You
are causing terrible suffering on Earth.
The Emperor wants me to destroy you,
but I don't want to harm you. If you leave
now, I'll spare you."

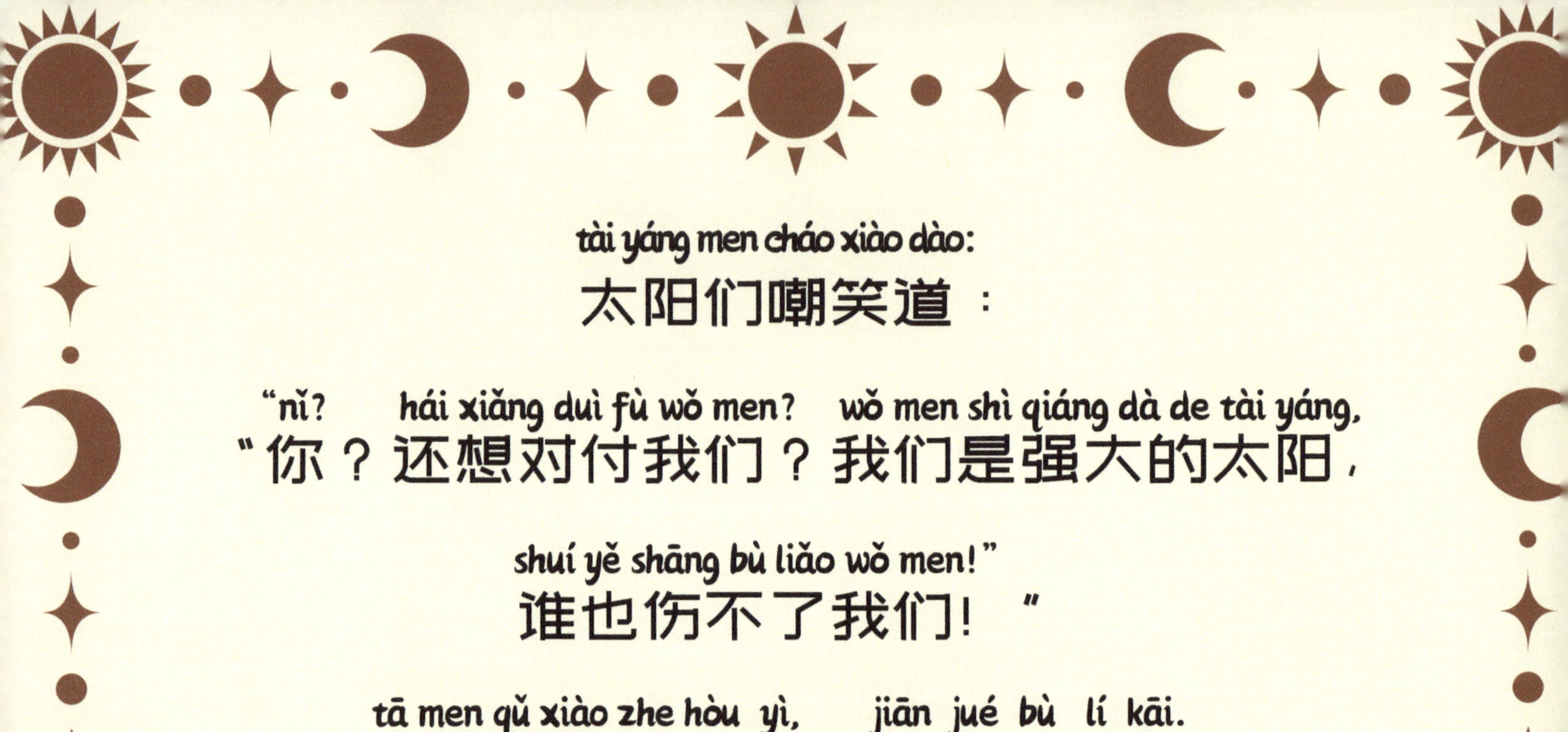

The suns looked down at Hou Yi, laughing.
"You? Destroy us? We are the mighty
suns! No one can harm us!"
They teased him and refused to leave.

hòu yì míng bái tā bié wú xuǎn zé.
后羿明白他别无选择。

tā lā kāi gōng,　shè chū le yì zhī jiàn.
他拉开弓，射出了一支箭。

jiàn huá pò tiān kōng, zhí bèn yí gè tài yáng.
箭划破天空，直奔一个太阳。

pēng!　tài yáng zài yì piàn jīn guāng zhōng xiāo shī le!
砰！太阳在一片金光中消失了！

Hou Yi realized he had no choice.
He drew his bow and fired an arrow.
It streaked through the sky and struck a
sun.
BOOM!
The sun vanished in a flash of golden
light!

hòu yì yí gè jiē yí gè de shè xià le jiǔ gè tài yáng.
后羿一个接一个地射下了九个太阳。

měi gè tài yáng dōu zài guāng máng zhōng xiāo shī.　jiàn jiàn de,
每个太阳都在光芒中消失。　渐渐地,

dà dì kāi shǐ jiàng wēn le,　hé liú chóng xīn liú dòng,　shù mù chóng xīn
大地开始降温了, 河流重新流动, 树木重新

tǐng lì,　dòng wù men yě cóng cáng shēn de dì fāng pǎo le chū lái.
挺立, 动物们也从藏身的地方跑了出来。

One by one, Hou Yi shot down nine suns.
Each one vanished with a burst of light.
Slowly, the Earth began to cool. Rivers
flowed again, trees stood tall, and the
animals came out of hiding.

现在，天上只剩下一个太阳，温柔地照耀着。

它金色的光芒让世界重新明亮起来，

温暖适中。

大地终于得救了！

Now, only one sun remained, shining gently
in the sky.
Its warm, golden light made the world
bright again—but not too hot.
The Earth was finally saved!

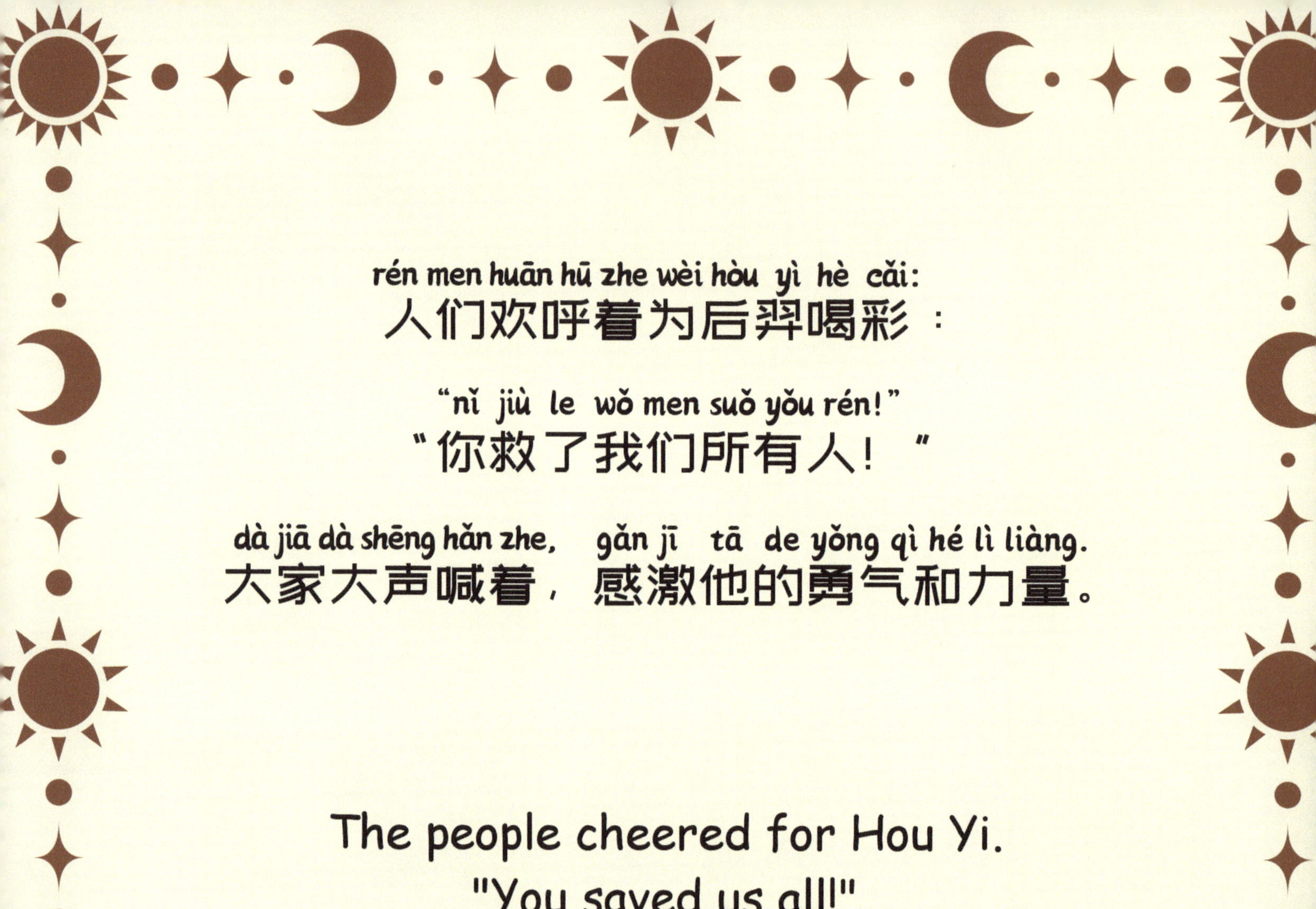

The people cheered for Hou Yi.
"You saved us all!"
They shouted, thankful for his courage
and strength.

hòu yì wēi wēi yí xiào,　　mò mò zhuǎn shēn lí qù
后羿微微一笑，默默转身离去，

huí dào le tā ān jìng de shēng huó.
回到了他安静的生活。

cóng nà tiān qǐ,　　tiān shàng měi tiān zhǐ shēng qǐ yí gè tài yáng,
从那天起，天上每天只升起一个太阳，

gěi dà dì dài lái gāng gāng hǎo de wēn nuǎn hé guāng máng.
给大地带来刚刚好的温暖和光芒。

Hou Yi smiled and quietly walked away,
returning to his peaceful life.
From that day on, only one sun rose in the
sky, bringing just the right amount of
warmth and light to the Earth.